【著者】
P.F.ドラッカー
【特別寄稿】
ジム・コリンズ
フィリップ・コトラー
ジェームズ・クーゼス
ジュディス・ローディン
V.カストゥーリ・ランガン
フランシス・ヘッセルバイン
【訳者】
上田惇生

# 経営者に贈る5つの質問

The Five Most Important Questions You Will Ever Ask About Your Organization

ダイヤモンド社

The Five Most Important Questions
You Will Ever Ask About Your Organization
by
Peter F. Drucker and Leader to Leader Institute with
Jim Collins, Philip Kotler, James Kouzes, Judith Rodin,
V. Kasturi Rangan, and Frances Hesselbein



Original English language edition published by Jossey-Bass, A Wiley Imprint
This translation published under license of John Wiley & Sons International
Rights, Inc., U.S.A. through Tuttle-Mori Agency, Inc., Tokyo

# 訳者まえがき――仕事と人生を高める5つの質問

いつの間にかわれわれの社会は、組織社会になった。社会が組織化されたというのではない。社会が組織からなる社会になったという意味である。

これまでの人類の歴史から言うならば、つい昨日のこととも言うべき今から二三〇年前の産業革命によって、物的な生産手段が大規模化した。その後の知識革命によって、知的な生産手段が高度化し、したがって専門化した。

その結果、今日の先進国社会では、一人ひとりの人間が必要とするもののほとんどが、個人と家族と村落共同体から、企業をはじめとする組織の手にゆだねられた。財だけではない。医療や教育など、われわれが必要とするサービスのほとんどが多様な組織の手にゆだねられることになった。

同時に、ほとんどの人間が組織で働くようになった。その結果、「お仕事は何ですか」

ではなく、「お勤めはどちらですか」と聞くようになった。生計の資、社会との絆、自己実現も組織を場とするようになった。

したがって、それらの組織がどれだけの成果をあげるかによって、あらゆる意味において、われわれの豊かさは左右されるようになった。そのための方途がマネジメントである。ドラッカーは真実をさらりと言ってくれる。「組織はすべて、人と社会をより良いものにするために存在する。すなわちミッションがある。目的があり、存在理由がある」

マネジメントの中核にあるものがミッションである。もちろん、それぞれの組織にはそれぞれのミッションがある。しかしわれわれは、ドラッカーの「5つの質問」に答えていくことによって、そのそれぞれのミッションを探り当て、われわれ自身、組織、社会をより良いものに成長させていくことができる。

かくして本書こそ、ドラッカーの全経営思想の真髄である。

上田惇生

# はじめに——シンプルな質問ほど答えるのは難しい

## ——フランシス・ヘッセルバイン

リーダー・トゥー・リーダー財団（元ピーター・F・ドラッカーNPO財団）創立者、会長、理事長兼CEO（最高経営責任者）、元全米ガールスカウト連盟CEO。民間人最高の勲章「メダル・オブ・フリーダム」受章者。一流オピニオン誌『リーダー・トゥー・リーダー』編集責任者。著書に『リーダーシップ論』ほかがある。www.fivequestionsbook.com を参照。

シンプルな質問ほど答えにくい。なぜか。質問がシンプルならば答えもシンプルなはずである。しかし、そうではない。質問がシンプルであるほど正面から答えなければならない。時には痛みを伴う自己評価が必要となる。

私たちは、いかなる組織にあろうと、ドラッカーが問いかける五つのシンプルな質問に答えないかぎり、顧客、組織、自らに対し、やがて害をなすことになる。

ドラッカーは、大切なものは質問だと言う。もちろん、答えも大切である。答えがなければできない。だが、それでも、より大切なのは質問のほうである。

一五年前、私たちのリーダー・トゥー・リーダー財団は旅に出た。当時は、ドラッカーNPO財団と名乗っていた。非営利組織が卓越した成果をあげるよう支援していた。ところが、多くの非営利組織から、卓越した成果とはどういうものかと聞かれた。新しい旅が、そこから始まったのだった。

それ以来、大勢のボランティアとスタッフが、ドラッカーの「最も大切な5つの質問」の発展と普及のために協力してきた。

もしドラッカーが元気であれば、今日も一五年前と同じように、「5つの質問」を投げかけてくれるに違いない。

1 われわれのミッションは何か？
2 われわれの顧客は誰か？
3 顧客にとっての価値は何か？
4 われわれにとっての成果は何か？

## 5　われわれの計画は何か？

今日これら五つの、シンプルでありながら、複雑かつ意味深い問いは、経営ツールとしての重要性をますます高めている。非営利組織のために開発されたツールでありながら、企業をはじめあらゆる組織にそのまま使われている。

この経営ツールは、個々のプロジェクトや仕事の評価のためのものではない。組織とその活動全体を評価するためのものである。したがって、最初の問いは、「われわれのミッションは何か？」である。これは、組織の存在理由（レゾン・デートル）についての問い、組織の目的についての問いである。ハウツーについての問いではない。

心を燃え立たせるもの、それによって世に憶えられたいものがミッションである。したがって、「われわれのミッションは何か？」というこの問いが、組織全体の活動の評価を可能とし、目標の達成のための計画を可能とする。

「5つの質問」の受益者は、組織の顧客である。組織は顧客のために自らを見つめ、自らの強みと自らの直面する問題を確認し、イノベーションを推進し、顧客からの反応をフィードバックし、不要なものを廃棄し、評価可能な成果を追求していかなければならない。

これまでは、良い行いで満足できたかもしれない。しかしこれからは、評価可能な成果をもって、世の中を変えていっていただきたい。

この「5つの質問」からなる自己評価プロセスは、経営ツールとして優れて柔軟であって、いかなる種類の役員会、社長室でも使うことができる。企業、政府機関、非営利組織のいずれでも使える。フォーチュン五〇〇社クラスのグローバル企業、設立間もないベンチャー企業、巨大な政府機関、田舎の役場、一〇億ドル規模の財団、年間予算一〇万ドル規模の小さなホームレス用宿泊施設でも使える。

必要なものは、未来へのコミット、顧客へのコミット、ミッションへのコミット、自己評価へのコミットだけである。自らを知ることが成長のエネルギーと勇気をもたらす。

一五年前、すでに「5つの質問」は、未来志向の組織にとって欠くことのできない経営ツールになっていた。ドラッカーは、一九九〇年代という、丁度それが最も求められている時代にこのツールを開発した。

今日再びわれわれは、「5つの質問」を不可欠とする時代にある。再び、マネジメントの父に未来への道を案内してもらわなければならない。

さらに本書においては、現代の哲人と呼ぶに相応しい五人の方々にご寄稿いただいた。ここに厚く謝意を表したい。

・ジム・コリンズは、変化させるべきものと変化させざるべきものとを、いかに識別するかを教えてくれた。
・フィリップ・コトラーは、活動対象とする顧客を識別し、満足させることの大切さを教えてくれた。
・ジェームズ・クーゼスは、組織がなすべきことは、顧客のために価値あるものを創造することであることを教えてくれた。
・ジュディス・ローディンは、計画はすべて、評価可能な成果をもたらすものでなければならないことを教えてくれた。
・V・カストゥーリ・ランガンは、優れた計画の要件と、モニタリングおよびフィードバックの重要性を教えてくれた。

読者の各位におかれては、これらの方々の叡智に存分に刺激され、触発されたい。この「5つの質問」は、ピーター・F・ドラッカーが生みだしたものである。ドラッカーの叡知を味わうとともに、五人の方々の知恵によってこの経営ツールを活用していただきたい。

読者の方々、組織の自己発見への旅の同行者の方々全員に深く敬意を表する。

経営者に贈る5つの質問　目次

質問4

# なぜ自己評価が必要なのか
## ――ピーター・F・ドラッカー

### ❖――成果を最大化するために

アメリカでは、九〇〇〇万人のボランティアが、それぞれのコミュニティにおいて、責任ある市民性を体現している。事実上、非営利組織こそがアメリカ社会の中核であり特性である。

四〇年前、非営利組織の世界では、マネジメントは良からぬ言葉だった。マネジメントとはビジネスを意味した。非営利組織はビジネスであってはならなかった。

しかし今日の非営利組織は、損益というコンセプトがないからこそマネジメントが必要なことを知っている。ミッションに集中するにはマネジメントを駆使しなければならない。ところがこれまで、非営利組織のマネジメントのための経営ツールがほとんどなかった。

私の知るかぎり、ほとんどの非営利組織の成績が「並」である。努力が不足しているわけではない。懸命に働いている。問題は焦点がぼけていることにある。加えて経営ツールのないことにある。

昔から、非営利組織は良き意図で十分であるとしてきた。だが今日では、まさに損益がないからこそ、企業よりもマネジメントを必要としていることを知るにいたっている。組織は、ミッションにもとづく規律を必要とする。成果を最大とすべく人と資金をマネジメントしなければならない。もちろん、いかなる成果をあげるかを考えなければならない。

## ❖——行動が伴わなければ意味はない

「最も大切な5つの質問」とは、今行っていること、行っている理由、行うべきことを知るための経営ツールである。

それは、「われわれのミッションは何か?」「われわれの顧客は誰か?」「顧客にとっての価値は何か?」「われわれにとっての成果は何か?」「われわれの計画は何か?」という五つの問いからなる経営ツールである。すべてが行動につながる。何ごとも行動が伴わなければ意味はない。

増大する一方のニーズに応え、難局にあって成果をあげていくには、ミッションに焦点を合わせ、成果をあげていかなければならない。

「5つの質問」は、ミッションに焦点を合わせることを必然にする。アメリカでは、一〇の非営利組織のうち八つはきわめて小規模であって、しかも、大義に対しては一切ノーと言えない体質がある。

私は教会関係の組織で活動している友人たちに、行っていることの半分は、実は行っていてはいけないことなのではないかとよく言う。それらの仕事が重要でないかもしれないということではない。しかし、もはや自分たちが行うべき仕事ではなくなっている。それをもっと上手に行うことのできる人たちが他にいる。

何年か前には、元ベトナム難民の農家のために野菜市場を立ち上げることは、応援の仕甲斐のある仕事だったかもしれない。当時の彼らには市場が必要だった。しかし今では、手助けしてやる必要はない。

いかなる組織といえども、顧客に聞かなければ、何を成果とすべきかはわからない。ただし、顧客という言葉の定義は厳格でなくてよい。顧客とは満足させるべき相手である。顧客を満足させられなければ成果はない。企業ならば、時を経ずして倒産するだけのことである。

非営利組織では、顧客とは、学生、患者、会員、参加者、ボランティア、有給スタッフ、寄付者である。重要なことは、彼らが価値ありとするもの、すなわち彼らのニーズ、欲求、期待に焦点を合わせることである。

ここにおいて最大の危険は、実際に顧客を満足させるもののためではなく、顧客を満足させると思い込んだもののために働くことである。すなわち、間違った前提のもとに働くことである。したがって、顧客にとっての価値を想像してはならない。必ず顧客自身に聞かなければならない。

「5つの質問」に答えるには、顧客との対話が不可欠である。あらゆる検討と決定において、顧客の見解を必ず織り込まなければならない。

## ❖――明日成果を得るために、今日何をするか

「5つの質問」がもたらすものは、行動のための計画である。計画とは明日決定するものではない。決定することのできるのは、つねに今日である。

明日のための目標は必要である。しかし、問題は明日何をするかではない。明日成果を得るために、今日何をするかである。

計画はその都度のものではない。うまくいくものを強化し、うまくいかないものを廃棄していくという連続したプロセスである。測定可能な目標を設定し、体系的なフィードバックを通して成果を評価し、状況に応じて調整していくというプロセスである。

## ❖建設的な不同意が必要

意思決定には守るべきルールがある。重要なことで容易にコンセンサスが得られたときには、そのまま決定を行ってはならないというルールである。諸手を挙げての同意は、何も考えていないことを意味する。組織が行わなければならない決定とは、重要であるだけでなく危険を伴う問題である。意見が割れて当然である。

アリストテレスにさかのぼり、初期キリスト教会の教えとなった言葉がある。「本質において一致、行動において自由、すべてにおいて信頼」である。信頼をもたらすには、異論はすべて表に出さなければならない。

コミットを得、イノベーションを行うには、議論百出を旨としなければならない。とくに非営利組織では、建設的な不同意を必要とする。意見の違いを大義の対立にしてはならない。問題を避けてはならない。しかし、しこりを残してもならない。

あらゆる組織が内部に反体制派を必要とする。「われわれにはわれわれの道がある」と言う者ではなく、「明日のための正しい道は何か」を問い続ける者が必要である。

議論することによって問題が明らかになる。全員が意思決定のプロセスに参加する。もはや決定を売り込む必要はない。アイデアは織り込んだ。異論は考慮した。決定は行動へのコミットとなった。

「5つの質問」に答えることが、組織と自らの成長につながる。世の中を見、顧客に耳を傾け、前向きの反対を歓迎することによって、大きなビジョンをもつことができる。

眼前には致命的と言うほどに重要な問題が横たわっている。ミッションは修正すべきか。プログラムのいくつかは捨てるべきか。人と資金は他のプログラムへ振り向けるべきか。なされるべきことと、自分たちの能力と意欲をどのように組み合わせるか。コミュニティをどのように形成するか。人の生活と人生にどのように貢献するか。

## 知識と意図を行動に変える

何ごとにも満足することなく、すべてを見直していかなければならない。だが最も見直しが求められるのは、成功しているときである。下向きに転じてからでは遅い。

明日の社会をつくっていくのは、あなたの組織である。そこでは全員がリーダーである。ミッションとリーダーシップは、読むもの、聞くものではない。行うものである。

「5つの質問」は、知識と意図を行動に変える。しかも、来年ではなく、明日の朝にはもう変えている。

質問
1

# われわれの
# ミッションは何か？

What Is Our Mission?

質問1

# われわれのミッションは何か？

## ——ピーター・F・ドラッカー

- われわれが現在ミッションとしているものは何か？
- われわれが直面している問題は何か？
- われわれにとっての機会は何か？
- われわれが現在ミッションとしているものは見直す必要があるか？

### ❖組織の存在理由

組織はすべて、人と社会をより良いものにするために存在する。すなわち、組織にはミッションがある。目的があり、存在理由がある。

アメリカでは非営利組織の数は一〇〇万を越える。それぞれがそれぞれのミッションをもっている。いずれも人の生活と人生を変えることを動機とし、成果としている。

ミッションとは人にかかわるものである。それは心底からのものである。正しいと信ずるものである。

したがってリーダーたる者は、組織のメンバー全員がミッションを理解し、信条とすることを確実にしなければならない。

何年か前、私はある大病院で救急室のミッションを検討した。最初の答えは「健康」だった。だが、これは間違った定義だった。病院は健康を扱ってはいない。扱っているのは病気である。

検討の結果得られたミッションが、「患者の安心」だった。そこで現状を調べた。

驚いたことに、一〇人のうち八人は、「朝には直っているでしょう」「お子さんは風邪です。引きつけを起こしましたが、心配することはありません」と言ってやるだけでよかった。

救急室のミッションとしては、あまりに簡単だった。しかし、そのためには、運び込まれた患者を一分以内に診てやらなければならなかった。大事なのは直ちに診ることだった。本人と親を安心させるには、絶対に必要なことだった。

### ❖──Tシャツに似合う簡潔な言葉でミッションを規定する

ミッションを規定するものとしてのいわゆるミッション・ステートメントは、Tシャツに似合う簡潔なものにしなければならない。それは、何を、なぜ行うかを表すものである。いかに行うかを表すものではない。

ミッションは大きくしなければならない。無限大でさえなければならない。しかも、直ちに行動に結びつくものにしなければならない。「私は貢献している」と誰もが言えなければならない。したがって、明確でなければならない。

人を行動に駆り立てなければならない。全員が、「そうだ。これが私が憶えられたいことだ」と言えなければならない。

ミッションを成果に結びつけるには、機会と能力と意欲が必要である。ミッション・ステートメントとは、これら三つの要素からなるものである。

まず、組織の外を見る。組織の内からスタートして、手持ちの資源を投入すべき場所を探すようでは、支離滅裂となるだけである。気になるのは、昨日のことばかりである。あらゆるものが変わる。ニーズも変わる。したがって、すでに起こったものを探さなければならない。機会となり、問題となるものを見つけ出す。

上げ潮によって上がるだけであるならば、下げ潮によって下がるだけであることを認識する必要がある。未来を予期し、未来を創造していかなければならない。

もちろん、全能ならざる身の人間としては、完璧を期すことはできない。しかし、だからこそ、機会を求め続けなければならない。最新の知識、状況の変化、競争の状態、資金的な状況、埋めるべきギャップを知る必要がある。

病院は靴をつくらない。授業をしない。病人の面倒を見る。しかし、力の入れ方は変わっていく。今重要なことも、間もなく重要ではなくなる。問題でなくなることさえある。人と能力に限界があるなかで、どこに力を入れ、成果をあげるかが問題である。何を成果とし、何を活力の源とするか。

### ❖——金のために妥協してはならない

ここで重要な警告がある。金のために妥協してはならない。品位にもとる機会は拒否しなければならない。さもなければ、魂を売ることになる。

受け入れ難い条件が付いた美術品寄贈の申し入れを受けたことがある。「ありがたくいただこう。問題は時間をかけて処理すればよい」という意見があった。これに対し、「だめだ。良心にかかわる問題だ」という答えがあった。会議は長引いた。

最終的には、申し訳ないが原則を曲げるわけにはいかないということになった。立派な彫刻を何点か入手しそこなった。しかし、美術館としての原則のほうが大事だった。

## ❖ 考え抜くこと

つねに、「われわれのミッションは何か?」を正面に据えなければならない。そのうえで、われわれの顧客は誰かを見極め、顧客にとっての価値、われわれにとっての成果を明らかにしていく。こうして、計画の段階にいたったとき、再びわれわれのミッションは何かを考える。

「5つの質問」を検討するにあたっては、まず初めに、一七世紀のかの偉大な哲人、ジョン・ダンの名文を想起していただきたい。「永遠にいたるには、明日への一歩から始めてはならない。積み重ねでは永遠にいたらない」。大きな一歩を考え、そのうえで「今日、何をするか」を問わなければならない。

重要なのは、言葉の美しさではない。あなたがあげる成果である。

質問1

「われわれのミッションは何か?」への解説

# 継続と変化を可能にする力

## ——ジム・コリンズ

現代社会についての最先端の思想家、企業研究家。いわゆる優良企業から突出した超優良企業への変身の軌跡など、今日の代表的企業の成長と繁栄の要因に詳しい。世界的ベストセラー『ビジョナリーカンパニー』の著者。非営利組織についての論考集『ビジョナリーNPO』がある。www.jimcollins.com を参照。

### ❖偉大な組織の本質

「われわれのミッションは何か?」という簡単な問いが、継続と変革を可能にする。偉大な組織は、すべて本質を維持しつつ進化していく。変わらぬミッションに従いつつも、改善とイノベーションを求めてやまない。ミッションを不変とするがゆえに、変化に呼応して、行動、規範、戦略、戦術、プロセス、構造、方法を不断に変えることができる。

それらの組織は、変えてはならないものが何かを心得ている。だからこそ、世界の変貌に即時対応していく。錨を下ろした組織だけが、何ごとも容易に変えられる。聖なるものと聖ならざるもの、変化させるべきものと変化させざるべきもの、目的とするものと方法とするものの違いを知る。

一流の大学は、真理探究の自由を聖域としつつも、教授の身分保障は見直すべきものであることを知っている。真正の教会は、信仰箇条は不変としつつも、時代の変化に応じて礼拝の場所や時間の変化を当然とする。

ドラッカーの言うミッションは、拡大、分権、グローバル化、多様化に、一体性を付与する。ミッションは、放浪の民にとっての信仰の役割を果たす。アメリカの独立宣言における自由の精神の役割を果たし、科学にとっての真理探究の理念の役割を果たす。

ミッションは、何を行うべきかとともに、何を行うべきでないかを教える。組織は、世のため人のために良いことを行うことに誇りをもつ。しかし、世のため人のための貢献を最大にするには、自らがミッションとするものに徹底して的を絞らなければならない。多角化への誘惑に克たなければならない。ミッションでないものは行わないとの規律を守らなければならない。

### ❖——ミッションは働くことの意味を示す

フランシス・ヘッセルバインは、ガールスカウトを率いていた頃、いたってシンプルなモットーに従っていた。「私たちは女の子たちを目一杯に花開かせるために働く」

彼女はあらゆる活動をこのモットーに従い展開していった。ガールスカウトの活動を、団員である女の子たちの成長に最大の貢献をなすものに絞った。

ある慈善団体が、女の子たちの笑顔を目当てに、戸別訪問での協力を提案してきた。そのときヘッセルバインは、趣旨には賛同したものの、協力することは丁重に断わった。女の子たちにとっては一生に一度の募金活動への参加の機会ではあっても、それだけでは、ガールスカウトの活動とするには十分でなかった。

いかに素晴らしい機会であろうとも、ミッションに合わないならば、「ありがとうございます。しかし……」と答えなければならない。

　ミッションをもつことは、激動の世の中ではますます重要となる。世界がどう変わろうとも、人は、誇りあるものの一員たることを必要とする。人生と仕事に意味を必要とする。絆と信条の共有を必要とする。予測不能な暗夜にあっては、導きとなる原理、丘の上の灯を必要とする。

　人類の歴史上、今日ほど、自由と責任という自治の精神のもとに、意義あるもののために働くことが必要とされているときはない。

質問1

## 「われわれのミッションは何か？」へのいくつかの追加質問

**われわれは何を実現しようとしているか？**

・われわれは今日のところ、組織のミッションは何であると理解しているか？
・われわれの組織の存在理由は何か？
・今行っていることはなぜ行っているか？
・要するに、われわれは何をもって憶えられたいか？

**特筆すべき新しい問題と機会は何か？**

・われわれはどのような新しい問題に直面しているか？（人口、規制、技術、競争）
・どのような新しい機会があるか？（コラボレーション、技術、社会的トレンド、文化的トレンド）

・組織にとってどのような新しい課題が現れているか？（社員のグローバル化、コミュニティとのかかわり、市場シェア、医療費の増大、流通チャネルの変化）

## ミッションは再検討すべきか？

・ミッション・ステートメントは修正すべきか？　修正の必要がなければ、それはなぜか？　必要ならば、それはなぜか？
・ミッション・ステートメントはどのように修正すべきか？
・新たにミッションとすべきものは何か？　それはなぜか？
・ミッションを修正することによって何か問題は生じないか？　それはなぜか？
したがって、何をどうしなければならないか？

質問
2

# われわれの顧客は誰か?

Who Is Our Customer?

質問
2

# われわれの顧客は誰か?
――ピーター・F・ドラッカー

・われわれの活動対象としての顧客は誰か?
・われわれのパートナーとしての顧客は誰か?
・われわれの顧客はどのように変化しつつあるか?

❖

## 顧客とは何か

ついこの間まで、非営利組織の世界では、顧客という言葉はほとんど耳にしなかった。

「われわれには顧客はいない。顧客とはマーケティングの用語である。われわれがもっているのは顧客ではない。助けるべき相手、受給者、会員、患者、学生である」

ここで顧客という言葉の定義を行うつもりはない。たんにこうお聞きしたい。

「あなたの組織は、誰を満足させたとき成果をあげたと言えるか？」

この質問に答えるならば、その答えが、そのまま顧客は誰かを教える。すなわち、組織の活動とその提供するものに価値を見出す人たちという意味での顧客を定義したことになる。

組織には二種類の顧客がいる。一方は、活動対象としての顧客（プライマリー・カスタマー、主たる顧客）、すなわち組織の活動によって生活と人生を変えられる人たちである。組織が成果をあげるには、活動対象としての顧客を絞らなければならない。「われわれの顧客は誰か？」という質問に答えなければならない。焦点を絞らなければ、エネルギーは放散し、成果はあがらない。

もう一方は、パートナーとしての顧客（サポーティング・カスタマー、支援者たる顧客）である。ボランティア、有給スタッフ、寄付者、委託先など、やはり組織の活動によって満足させるべき人たちである。

彼らパートナーとしての顧客は、組織が提供するものにノーと言える人たち、つまり組織の活動とのかかわりを拒むことのできる人たちである。彼らこそ、組織が意義ある奉仕の機会を与え、その寄付を成果に結びつけ、その活動をコミュニティのニーズに応えさせることによって、満足させるべき人たちである。

活動対象としての顧客だけが顧客ではない。パートナーとしての顧客が満足しなければ成果をあげることはできない。そこで、パートナーとしての顧客を活動対象としての顧客と並置したくなる。しかし、組織が成果をあげるには、その焦点はあくまでも活動対象としての顧客に絞らなければならない。

## ❖――活動対象としての顧客に焦点を絞る

活動対象としての顧客の選択と集中について、好例がある。

その組織がミッションとしているものは、就業困難者の自立だった。活動は四つの分野にわたり、プロジェクトは二五件あった。

創立以来三五年間、活動対象としての顧客は就業困難者としてきた。当初は身体障害者だけを対象としていたが、今日では、在宅のメンタルケア対象者、更正中の薬物依存者、シングルマザー、失業者も対象としている。いずれもが活動対象としての顧客である。いずれも活動の成果は、生産的な仕事への就業率によって評価している。

活動対象としての顧客は、直接面会し相談にのってやれるものばかりとはかぎらない。乳幼児であることもあれば、絶滅の危機に瀕している「種」であることもある。だが組織としては、直接のコンタクトの有無にかかわらず、活動対象としての顧客を識別し、活動の優先順位を定めることが必要である。

## ❖―――パートナーとしての顧客を認識する

全米ガールスカウト連盟は、女の子たちのための世界最大の組織である。活動対象としての顧客は女の子たちである。これに対しパートナーとしての顧客は多様であって、かつ時代とともに変化している。

ガールスカウトでは、女の子ならば誰でも団員になれることが原則である。一九一二年に創立者が規定した「女の子たち皆のもの」との原則を守っている。

一九六七年から九〇年まで全米ガールスカウト連盟のCEOをつとめたフランシス・ヘッセルバインは、私にこう言ったことがある。

「人口統計を見れば、やがてアメリカ人の三分の一はマイノリティになっているはずです。このことを心配する人もいます。でも私たちは、これを、成長期にある女の子たち全員に手を差し伸べる絶好の機会と捉えています」

活動対象としての顧客が変化するということは、パートナーとしての顧客も変化するということである。

「低所得者向けの再開発地でも、女の子とその親たちはガールスカウトを必要としています」

「多様な人種と所得層に働きかけをするには、それぞれのニーズ、文化、状況を理解しなければなりません。そのためには、いろいろなパートナーが必要です。聖職者、再開発地の責任者、女の子たちの親御さんなど、地元のいろいろな人の協力が必要です」

「私たちは、ガールスカウトのリーダーをコミュニティで育てています。コミュニティを大事にし、コミュニティに敬意をもっていることを伝えています。親御さんたちには、ガールスカウトがよい経験になることをわかってもらいます」

## ❖――顧客のニーズはいつも同じではない

顧客は変わっていく。活動対象としての顧客は、増えることもあれば減ることもある。多様化することもある。彼らのニーズ、欲求、希望も変わっていく。

成果をあげるには、新たに顧客を開拓しなければならないこともある。組織の活動を必要としながら、まだ手にしていない人たちがいるかもしれない。

逆に、自分たちの活動のおかげですでにニーズが満たされ、あるいは他の方法で満たされ、さらにあるいは、自分たちの力では一向に成果があがらないために、活動をやめるべきこともある。

「われわれの顧客は誰か？」という問いに答えることによって、顧客にとっての価値を知り、組織にとっての成果を知り、行動のための計画を立てることができるようになる。しかし、いかに検討した後でも、顧客には驚かされる。もちろん柔軟に適応していかなければならない。

よい例がある。知人の牧師が、「うちの副牧師が、新婚のカップル用に素晴らしいプログラムをつくったのですが」と言っていた。事実そのプログラムは人気を集めた。ところが驚いたことに、参加者のなかに新婚のカップルは一組も入っていなかった。参加したのは、同棲中の未婚のカップルばかりだった。

知人の牧師は、未婚者の参加を禁じようとする副牧師をなだめるのに苦労することになった。

顧客のほうが一歩先に行っているということは、よくあることである。われわれの顧客は誰かを考えなければならない。しかも、繰り返し考える必要がある。顧客は変化してやまない。成果をあげるには、原則に忠実でありつつも、顧客の変化に応じて自ら変化していくことができなければならない。

質問2

「われわれの顧客は誰か？」への解説

# 顧客の満足にどれだけ貢献するか

## ――フィリップ・コトラー

ノースウェスタン大学大学院ケロッグ・スクールのS・C・ジョンソン&サン記念国際マーケティング講座教授。マーケティングの先覚者、世界的権威。マーケティングにおけるターゲットへの集中の重要性を説いている。著書に『マーケティング・マネジメント』、『社会的責任のマーケティング』（ナンシー・リーとの共著）など多数ある。www.kotlermarketing.com を参照。

### ❖――顧客がボスである

ピーター・ドラッカーは四〇年前にこう言った。「企業の目的は顧客の創造である。利益の源泉たるプロフィットセンターは、顧客のなかだけにある」。GEの前CEOジャック・ウェルチは、かつて従業員にこう言った。「雇用を保証してくれるのは顧客だけである」

顧客が情報をもち、互いに意見を交わしているネットの時代にあっては、あらゆる企業が、ボスは顧客であるという事実を認めざるをえない。昔フォード社の役員の一人がこう言ったという。「顧客のために運営しなければ、われわれの車も運転されない」。フォード社は、この役員の言には従わなかったようである。

しかし今日では、ドラッカーは、こう言うに違いない。「最高の企業は、顧客を創造するだけでなく、ファンを創造する」。どれだけ利益をあげたかよりも、どれだけ大事な顧客をつかんだかのほうが重要である。

そのためには、顧客とすべきは誰かを知らなければならない。かつては、顧客がわれわれのことを知り、われわれの製品を選んでくれた。これからは、われわれが顧客を選ばなければならない。ある種の顧客に対しては、取引を断ることもしなければならない。誰をも喜ばせることが大事なのではない。大事なことは、対象とする顧客を深く喜ばせることである。

したがって、まず行うべきは対象とする顧客の定義である。そこからすべてが変わる。提供すべき財サービスの仕様、設計、チャネル、広告、価格が変わる。

## ❖――顧客を定義する

顧客を定義するには購買のプロセスを大きく捉える必要がある。購買とは、いくつかの役が演じられた末のものである。家族用の新車購入が一つの例である。火付け役は家族の友人かもしれない。あるモデルの素晴らしさについて話をした。だが、購入すべき車種に大きな影響を与えるのは一〇代の息子である。決定をするのは妻である。夫は買うだけである。

マーケティングを行うには、これらの役割を把握し、限られた資源を、決定を行う者、決定に最も大きな影響を与える者に投ずる必要がある。それぞれの役の嗜好と価値観を把握しておかなければならない。

すでに、カスタマー・リレーション（顧客関係）なる活動によって顧客に関する全データを収集しようとしている企業がある。製薬会社は医師についてのデータを集めている。だが、データだけでは不十分なことはすでに明らかである。顧客の経験を捉えるまでにはいたっていない。いかにデータを集めても、満足の経験に勝るものはない。中国の古い諺も、「喜ばせられなければ店を開くな」と言う。

つまるところ、対象とすべき顧客が誰かを知らなければならない。何が彼らに影響を与えるか、何が彼らを喜ばせるかを知る必要がある。今日の顧客は、商品の価値を買う。あなたの成功は顧客の満足にどれだけ貢献するかによって決まる。

質問2

## 「われわれの顧客は誰か?」へのいくつかの追加質問

### われわれの顧客は誰と誰か?

・顧客リストを作成したか？　非営利組織であるならば活動対象としての顧客のリストに加え、パートナーとしての顧客のリストを作成する。（ボランティア、有給スタッフ、会員、寄付者、委託先）

・われわれはそれぞれの顧客にいかなる価値を提供しているか？

・われわれの強みと資源は、それらの顧客のニーズにマッチしているか？　もしマッチしているとすれば、それはなぜか？　マッチしていないとすれば、それはなぜか？

### われわれの顧客は変化したか?

・われわれの活動対象としての顧客はどのように変化してきたか？（性別、年齢

層、家庭環境、薬物禍、災害）

・それらの変化は、われわれの組織にとって、どのような意味をもつか？

**顧客を増やすか減らすか？**

・現在の顧客の他にどのような顧客がありうるか？　それはなぜか？

・われわれには彼らの役に立つどのような能力があるか？

・顧客のうち、もはや相手にしないでよい顧客は誰か？　それはなぜか――彼らのニーズが変化したからか、われわれの資源に限りがあるからか、他の組織のほうが優れた仕事をしているからか？　顧客のニーズと、われわれのミッションあるいは能力がマッチしないからか？

質問
3

# 顧客にとっての価値は何か?

What Does the Customer Value?

質問 3

# 顧客にとっての価値は何か？

## ——ピーター・F・ドラッカー

- 活動対象としての顧客にとっての価値は何か？
- パートナーとしての顧客にとっての価値は何か？
- 顧客に学ぶべきことは何か？
- どのようにして顧客に学ぶか？

❖——顧客は何をもって価値とするか

顧客は何をもって価値とするか、何が彼らのニーズ、欲求、期待を満たすかとの問いは、実はあまりに複雑であって、顧客本人にしか答えられない。

ここで原則は、顧客はみな正しいとすることである。ほとんど例外なく、彼らの行動は合理的である。したがって、答えを想像してはならない。必ず、直接答えを得なければならない。

私自身ずっとこれを行っている。毎年、一〇年前の卒業生五〇人から六〇人に電話をし、「振り返ってみて、この大学院はあなたに何を貢献したか？　今でも役に立っていることは何か？　どうしたら改善できると思うか？　私たちが止めるべきことは何か？」と聞くことにしている。

実のところ、こうして私が得た情報は、大学院の運営に非常に役立っている。「顧客にとっての価値は何か？」という質問こそ、「5つの質問」のなかでも際立って重要である。しかしこれは、実は最も考えられることのない質問である。しかも、ほとんどの組織が、顧客に成り代わって自ら答えようとする。そして「顧客が価値ありとするものは、プログラムの質である」、あるいは「人間味である」と言う。

組織の多くは、あまりに自信をもち、あまりにミッションにコミットしているがゆえに、ややもすれば自らを目的視する。官僚的思考の極みと言うべきである。その結果、「顧客に価値を提供しているか」ではなく、「規則に合っているか」を考える。こうして成果をあげられないどころか、ビジョンも献身も雲散霧消させている。

## ❖——顧客が前提としているものを知る

私の友人であるノースウェスタン大学のフィリップ・コトラー教授は、組織の多くは、いかなる価値を提供するかについて、それなりに考えてはいると言う。ただし、その少なからざるものが、顧客の側から見た価値ではないと言う。自分たちが勝手に考えたものを前提にしている。

顧客が価値とするものについて考えようとするのであれば、実際に顧客が言っていることを知らなければならない。そのうえで、自らの成果を評価しなければならない。

## ❖――活動対象としての顧客にとっての価値は何か

あるホームレス用施設が、活動対象としての顧客であるホームレスの人たちが価値とするものを調べ直すことによって、活動の内容を大幅に変えたという例がある。

施設側が、ホームレスの人たちにとっての価値と考えていたものは、食事と宿泊施設だった。しかし、理事とスタッフによる聞き取り調査の結果、たしかに食事と宿泊施設は評価していたものの、本当の望みは、ホームレスの状態から抜け出すことであることがわかったという。彼らが必要としていたのは、生活を立て直す基盤としての宿泊施設だった。

そこでその施設は、それまで前提としていたものを捨て、大幅に規則を変えた。「この施設を彼らのホームにするにはどうしたらよいか」

そこでまず、出て行くように言われる心配をなくしてやることにした。かなりの日にちをそこで過ごせるようにした。加えて、生活の立て直しについて相談にのることを始めた。

今日では、施設を利用するホームレスの人たちに一定の自己責任を課している。かつては、空腹をかかえて顔を出すだけでよかった。今日では、自ら生活の立て直しにコミットしなければならない。滞在を続けたいのであれば、ホームレスからの脱出に正面から取り組まなければならない。

こうしてこの施設では、顧客にとっての価値を増大させ、成果を増大させた。

### ❖――パートナーとしての顧客にとっての価値は何か

活動対象としての顧客にとっての価値を知ることが最も重要である。しかし現実には、パートナーとしての顧客にとっての価値を理解しないことには、組織として成果をあげることはできない。

組織には数多くのパートナーがいる。しかも、場合によってはそのそれぞれが拒否権をもつ。

校長は、自らの活動対象としての生徒に加え、教育委員会、先生、コミュニティの関係機関、市民、親などパートナーとしての顧客を満足させなければならない。これだけで顧客は六種類いる。そのそれぞれが学校を別の目で見ている。

いずれも無視できない。それぞれが別の価値観をもっている。いずれをも満足させなければならない。校長としては、少なくとも、自分が解任されたり、ストを行われたり、騒ぎを起こされない程度には彼らの全員を満足させなければならない。

## ❖――顧客の声に耳を傾ける

行動のための計画を立てるには、顧客が価値とみなすものを知る必要がある。

多様な顧客それぞれにとっての価値を統合して一つの計画とすることは、いわば一つの建築的プロセス、構造的プロセスである。わかってしまえば至難というわけではないが、大変な仕事であることに変わりはない。

まず初めに行うべきは、いかなる情報が必要かを知ることである。次に、顧客にとっての価値を客観的な事実として受け入れ、彼らの声をあらゆる検討と意思決定の基盤とすることである。

質問3

「顧客にとっての価値は何か？」への解説

# 惰性を拒否する勇気

## ——ジェームズ・クーゼス

サンタクララ大学リーベイ・ビジネススクール「イノベーションと企業家精神センター」のエグゼクティブ・フェロー。著書に一〇〇万部のベストセラー『信頼のリーダーシップ』（バリー・ポスナーとの共著）がある。

### ❖——惰性を正す

行うべきは、顧客にとっての価値を創造することである。デトロイトのシナイ聖霊病院の院長に就任したパトリシア・メリーランドの考えていたことが、これだった。病院はひどい状態だった。荒廃しきっていた。必要とされていたものは、新院長という新しいリーダーだけではなかった。

すべてが惰性だった。これを正すことが、まず初めに彼女が行うべきことだった。たとえば外来での待ち時間だった。「受付から入院まで八時間かかっていた。許されることではなかった」「地元の評判は、とにかく汚い病院というものだった。病院の隣に住みながら他の病院に行っている人もいた。院内の様子も問題だった」

彼女は、直ちに行動しなければならなかった。しかし、あまりに長く続いてきたことだけに、そのような状態が当たり前のことになっていた。根本から見直さなければならなかった。

待ち時間の改善のためには、組織改革やいくつかの手立てが必要とされた。「直ちに診ることができるよう、循環器関係の患者には別室を用意した。エキスプレス・ケア（特急治療）と名づけたゾーンを設け、プライバシーに配慮した個室もつくった」。これらの措置で、待ち時間は七五パーセント改善された。

そこへ、ある財団から一〇万ドルの補助金がついた。ペンキを塗り、カーペットを新しくし、備品を更新した。職員の志気はあがり、患者の気持ちも一新した。医師たちに働きかけて美術品を寄付してもらった。院内はあっという間にモダンなメディカルセンターの趣きを呈した。

「病院には暖かさや優しさが必要だった。患者さんが信頼感と安心感をもてなければならなかった」

彼女は患者への接し方も変えるよう求めた。「自分のお母さんならどうするか、お父さんならどうするか？　どう話しかけるか？　あなた自身が病院に来たとき、物のように扱われたらどう感じるか？」

わずかこれだけのことで、シナイ聖霊病院は変貌した。病院ランキングの評価では、ほとんどの項目が1か2だったものが、4か5に急上昇した。今日では病院は活気に溢れている。財政状態もよく、「コミュニティから信頼され、コミュニティの病院として愛されている」。

## ❖決意と行動が生み出すもの

　これらのことのすべてが、患者たる顧客の声に耳を傾け、彼らにとっての価値を生み出すというメリーランドの決意からもたらされた。新院長の決意と行動が、病院に活力を取り戻し、職員に志気と誇りをもたらした。それらのことがなされたのは、彼女がただ一つの目的をもっていたからだった。それが、顧客にとっての価値を生み出すことだった。

　顧客にとっての価値は何か。もちろん顧客は、彼らのニーズを満たし、彼らの問題を解決してくれる組織に価値を見出す。しかし、それ以上に彼らは、自分たちに耳を傾け、惰性を拒否する勇気をもつ組織に価値を見出す。

質問3

## 「顧客にとっての価値は何か?」へのいくつかの追加質問

### われわれの顧客は何を価値としているか?

・われわれだけが満たしているニーズ、満足、便益は何か?
・顧客にとっての望みは何か?
・顧客の望みに応えることのできるわれわれの能力は何か?
・われわれは顧客が価値とするものを提供できるか?
・顧客が価値とするものについてのわれわれの能力は、さらにどのように活用することができるか?(財サービス、採用、教育訓練、イノベーション、募金、マーケティングなど)
・顧客の満足度を知る手立てはあるか?
・パートナーとしての顧客にとっての価値は何か?
・寄付者は謝意の表明と貢献の意識のいずれを重視しているか?

・ボランティアは、学び、絆、貢献のいずれを重視しているか？
・活動対象としての顧客は、彼らの家族に関してわれわれに何を期待しているか？
・われわれの流通チャネルとなっている人たちは、彼ら自身のミッション、ゴール、利益に関してどのようなニーズをもっているか？

質問

4

# われわれにとっての成果は何か?

What Are Our Results?

質問 4

# われわれにとっての成果は何か？

――ピーター・F・ドラッカー

・われわれは成果をどのように定義しているか？
・成果をあげることに成功しているか？
・成果をどのように定義するか？
・何を強化し何を廃棄するか？

❖――短期の成果と長期の変化を見る

組織の成果は、一人ひとりの人間の生活、人生、環境、健康、期待、能力の変化という組織の外の世界に表れる。組織がミッションを実現するには、あげるべき成果を明らかにして資源を集中しなければならない。

あるメンタルヘルス・クリニックが開業一五年で大きな成果をあげるようになった。鍵は患者と家族の意志だった。クリニックでは、グループセラピーへの参加、入退院、自覚症状、自己管理能力によって、治療の成果を評価していた。ミッションは患者の治癒であり、あげるべき評価可能な成果は、社会生活への復帰だった。

企業においては、成果の尺度としての妥当性には議論はあるものの、利益をあげなければそもそも立ち行かない。非営利組織にはこの利益に相当するものがない。

したがって非営利組織たるものは、それぞれが、自らの顧客を定義し、顧客にとっての価値を明らかにし、成果の尺度を開発して、自らの成果を知らなければならない。これはそれらの組織の多くにとってはまったく新しい種類の規律である。しかし、習慣化することのできる規律である。

## ❖——成果をはかる二つの評価

成果の実現は定性的、定量的に評価することができる。この二つの評価は、互いに密接な関係にある。組織が自らの成果として、世の中にどれだけの変化をもたらしたかを知るには、いずれも必要である。

定性的な尺度は、変化の広がりと深さを教える。詳細な観察、パターンの認識、機微にわたる物語が定性的な評価である。それは生きた情報を与える。

一〇代の頃、たまたまその美術館で絵を見たために人生が変わり、文字通り命を助けられたという男の人がいた。若者向けプログラムを構想中の美術館の教育部長が、その話に力づけられて構想を軌道にのせた。

ある研究所では、研究開発プロジェクトの価値を定量化できないで困っていた。しかし今では、三年ごとに、「世の中を変えるどのような成果をあげたか。明日に向けて何に焦点を合わせるか」を点検している。

定性的な変化は、癌患者の気力のように量をもって表すことは不可能である。しかし定性的な変化は、主観的で計測が困難であっても、定量的な変化と同じように現実のものであって、同じように体系的に評価すべきものである。

これに対し、定量的な評価には客観的な尺度がある。分類と論理の世界にあって客観的な事実を提示する。定量的な評価は測定可能なデータを提供する。

定量的な尺度とは、美術の授業時間数と非行の減少の関係、生活保護家庭における義務教育修了者の就業率、医療における新たな知見の利用件数、一〇代の喫煙人口の減少、二四時間電話受付による児童虐待事案数の減少などである。

定量的な尺度は、資源は成果に向けられたか、進歩は見られたか、生活とコミュニティは改善したかを具体的に見るうえで必要である。

### ❖――強化すべきものと廃棄すべきものの識別

ここで重要な質問が、資源を投ずることを正当化できるだけの成果を生み出しているかである。

ニーズだけでは十分でない。歴史の古さも意味はない。ミッションと、強みと、成果をすり合わせなければならない。新約聖書のタラントの教えのように、成果の大きなところに資源を投入しなければならない。

### ❖——死せる者を埋葬して、初めて復活はなされる

人は、陳腐化したもの、うまくいくはずのもの、もはや生産的でなくなったものに愛着をもつ。しかも、かつて私が独善的製品と名づけたものに最も執着する（『創造する経営者』一九六四年）。

しかし、最初に行うべきものは廃棄である。廃棄を行うまでは何も行われない。何を廃棄するかの議論は苦々しいものとなりがちである。廃棄は難しい。だが、それも一時のことである。死せる者を埋葬して、初めて復活はなされる。

半年後には、「なぜすぐに止めなかったのだろう」と皆が言っている。

## ❖──リーダーシップとは責任である

いかなる組織といえども、やがて成果をあげていないことを認めざるをえないときがくる。どこもかしこも成果は小さく、改善する見込みもあまりない。すべてを清算して、他のことにエネルギーを振り向けるべきかもしれない。

しかも、分野によっては、強化すべきか廃棄すべきかさえ明らかでない。そこで体系的な分析が必要となる。

ここにおいて、成果が何であり、何に力を集中すべきかを明らかにしなければならない。ミッションが責任を規定する。リーダーたる者は、資源の浪費を防ぎ、意味ある成果を確実なものにするために、何を行うかを決定する責任をもつ。

質問4

「われわれにとっての成果は何か？」への解説

# 世の中を変えることに価値がある
## ——ジュディス・ローディン

ロックフェラー財団理事長。最先端の心理学者。前ペンシルバニア大学学長（アイビーリーグと称されるアメリカの名門大学初の女性学長）、元イェール大学教務担当副学長。www.rockfound.org を参照。

### ❖——ニーズ志向から成果志向への大きな転換

ピーター・F・ドラッカーはすでに一五年近く前、五〇年に及ぶ非営利組織とのかかわりのなかで、最も感慨をおぼえる変化は、それら組織の多くが、ニーズではなく成果について話をするようになったことだと言った。まさにそれこそ大きな進歩である。

ただしここでもドラッカーは、例のごとく、その変化をもたらした自らの役割についてては多くを語らない。

ドラッカーは、組織にとっての成果について、いくつか重要な質問を提起している。組織にとって成功の条件は何か。顧客はわれわれの仕事ぶりをどう評価しているか。定量的な目標と定性的な目標はそれぞれ何か。成果をどう定義するか。失敗したならば、その失敗を認め、他の人たちの参考にしてもらうだけの勇気はあるか。

だが今日では、ドラッカーはさらに多くを求めていると思う。

もはや問題は、評価が必要かではない。必要に決まっている。あるいは今日では、問題は定量的な尺度で十分かではない。十分であるはずがない。失敗は許されるかでもない。人の活動であれば、いかに誠心誠意行おうとも失敗があって当然である。失敗を認めず失敗の経験を共有しようとしないなどということは、失敗を惨事に変えるだけである。

こうしてわれわれは、あげるべき成果を明らかにし、次の「われわれの計画は何か?」に進んでいかなければならない。

「5つの質問」は、計画が固定的であって、そこから、成果がほぼ自動的に得られるかの

ごとき印象を与えるかもしれない。

もちろん、計画が自動的に成果をもたらすことはない。計画とは、ミッションの実現を目指しつつ、評価可能な成果をあげさせるべきものである。ニーズでは十分でなく、意図でも十分でない。したがって計画は、評価可能な成果をもたらすだけでなく、成果次第では中途変更も可能でなければならない。

これらの仕事は、臨床試験や科学実験のような機械的な作業ではない。目的は、組織の外の世界に実体的なインパクトを与えることにある。成果の評価は、意図した成果を得るための手段にすぎない。

すなわちわれわれは、狭い水路を帆走していかなければならない。一方において、あまりに不明確であって評価不能な領域を回避し、他方において、定量化は容易だが意味ある成果はないという領域を回避して進まなければならない。かくしてわれわれの水路は、定量的であって、かつ定性的たるべきものである。

## ❖――成果がゴールである

ドラッカーは成果が鍵であるとした。成果がゴールであり、成績である。価値あることは、どれだけ働いたかではない。どれだけ賢かったかでもない。どれだけ愛を込めたかでさえない。もちろん、あらゆる仕事で、懸命に働くことは成功の条件である。知的な仕事で、賢明であることは褒められるべきことである。非営利の仕事で、愛を込めることは最高の人たちの手を借りるうえで不可欠なことである。

しかし、究極のところ、われわれが憶えられるのは、いかに世の中を変えたかによってである。彼の言葉「われわれにとっての成果は何か？」が今日われわれの心に響くのは、そのためである。

質問 4

## 「われわれにとっての成果は何か?」へのいくつかの追加質問

**われわれにとっての成果をどのように定義するか?**

・われわれのミッション、顧客、顧客にとっての価値を検討した結果、われわれが成果とすべきものは変わったか? なぜ変わったか? なぜ変わらないか?

・将来、われわれが成果とすべきものはどのように変化するだろうか?

**成果はどの程度実現しているか?**

・成果はどの程度実現しているか?

・それらの成果をあげるうえで有効な活動やプロジェクトは何か?

・将来、われわれは自らの成果をどのように評価測定するようになるだろうか?

**資源を活用しているか？**

・人材を活用しているか？（ボランティア、理事、有給スタッフなど）
・資金や資源を活用しているか？（寄付金、設備、寄付物件など）
・組織のブランドを活用しているか？
・募金活動は成果をあげているか？
・成果をどのように寄付者に報告しているか？
・他の組織はどのように人材、資金、資源を活用しているか？　寄付者を満足させているか？　理事会を活用しているか？　もしそうならば、それはどのようにしてか？　われわれは他の組織から何を学ぶべきか？

質問

5

# われわれの計画は何か？

What Is Our Plan?

質問
5

# われわれの計画は何か？

――ピーター・F・ドラッカー

・ミッションは変えるべきか？
・われわれの目標は何か？

❖――ミッションを確認し、目標を設定する

われわれは、「5つの質問」を問うことによって計画を立てる。組織としての方向性を示す計画を得る。当然そこには、ミッション、ビジョン、ゴール、目標、行動、予算、評価が織り込まれる。

まず初めに行うべきことが、ミッションを確認し、目標を設定することである。ミッション・ステートメントには、機会、能力、意欲を盛り込む。ミッション・ステートメントとは、「目的は何か。何のためのものか。つまるところ、何をもって憶えられたいか」に答えるものである。

ミッションとは今日を超えるものであって、かつ今日を導くものである。ミッションは、行うべきことを行うために、目標を設定し、資源を動員する。

ミッションと目標は、組織のガバナンスにとって不可欠である。理事会が責任を負うべきものである。理事会の担当である。

ミッションを実現するには、明日のゴールと今日の行動が不可欠である。もちろん計画が明日を決めるわけではない。そのような考えは愚かというよりない。明日は予測不能である。計画とは、行くべき場所と行き方についての目論見を規定するだけである。判断やリーダーシップを不要にするわけではない。分析、勇気、経験、直感が重要な役を果たす。スキルよりも責任が大きな意味をもつ。

## ❖——ゴールを絞り込む

ゴール、すなわち長期的な到着地について合意を得ることは容易でない。したがって、ゴールは包括的でありながら、しかも絞り込んだものとしなければならない。

いずれへ資源を集中するかを示すものがゴールである。それは組織が本気であることを示す。ミッションに発し、行くべきところを教える。強みを基盤とし、機会を生かし、望みのものを明らかにする。

計画には、ゴールが到達され、ミッションが実現したときのビジョンを示すことができる。リーダー・トゥー・リーダー財団のビジョンは、「健全なコミュニティにおいて人々の生活を改善するうえで、非営利組織がリーダー役を果たす社会の実現」である。

いかなる組織にも、理想主義的な人たちもいれば、現実主義的な人たちもいる。しかし、ビジョンが計画に命を与えてくれるのであれば、計画にはビジョンを記しておくべきである。

ここに、ある市立美術館のビジョンと、ミッションと、ゴールを例示する。

**ビジョン：世界の多様な美術品を市民の心の糧とする街**
**ミッション：市民と美術品との触れ合いの増大**
**ゴール１：美術品の収集と保全**
**ゴール２：展示、講座、出版による啓蒙**
**ゴール３：来場者の増加**
**ゴール４：設備の充実と運営の改善**
**ゴール５：財務基盤の確立**

ミッションとゴールが短期の利害得失を調整する。したがって、つねに、ゴールに向かっているかを考えることが必要である。聖アウグスティヌスは「奇跡を求めて祈り、実りを求めて働きなさい」と言った。

われわれが成果を求めて働くことができるのは、計画によってである。意図を行動に変えるのも計画によってである。

### ❖――目標は評価可能でなければならない

目標は具体的かつ評価可能でなければならない。それは組織をゴールに向けて進めるべきものである。

組織のＣＥＯたる者は、目標の策定と、その実現に必要な行動と予算について責任を負う。理事会は戦術には立ち入らない。さもなければ、ＣＥＯ以下の執行部が実行において柔軟たりえなくなる。

計画の策定と実行において、理事会はミッション、ゴール、資源、評価を担当する。執行部たるマネジメントは、評価可能な目標、行動、予算に加えて、成果の具体例の提示を担当する。

## ❖――計画における五つの要素

### 廃棄

計画の策定において第一に行うべきことが、成果をあげないもの、一度も成果をあげなかったもの、成果をあげなくなったものの廃棄である。

あらゆるプログラム、システム、顧客について、「今かかわりをもっていなかったとして、今手をつけるか」を検討する必要がある。答えが「ノー」であれば、「直ちに手を引くにはどうしたらよいか」を考える。

### 集中

第二に行うべきことが、成功しているもの、成果をあげているものの強化である。成功の追求に勝るものはない。最高の成果を得るのは成功の追求によってである。しかも最高の成果を得ているときにこそ、「さらに目標を引き上げられないか」を考えるべきである。

集中が鍵である。集中すべきものに集中しなければならない。だらしなく脇を空けてはならない。

## イノベーション

第三が、明日の成功、真のイノベーション、想像をかきたてるものの追求である。機会、状況、問題はどのようなものか。それらはわれわれが得意とするものか、価値ありとするものか。

ここでも気をつけなければならないことがある。新しいものに手をつけるには、「これがこれまでのやり方だ」などということなく、初めから「どうしたらよいか」を考える。「顧客にとっての価値は何か。最新のスキルは何か。どのように貢献できるか」を考える。

## リスク

第四が、リスクの評価である。負えるリスクがある。失敗しても回復できる。あるいは、負わざるをえないリスクがある。

長期のリスクと短期のリスクをバランスさせる必要がある。あまりに保守的であれば機会を逃す。あまりに性急であれば、長期というものが存在しえない。

リスクについて従うべき公式はない。リスクとはいかに定かならずとも、避けることのできないものである。

### 分析

第五が、廃棄すべきか、強化すべきか、新たに手をつけるべきか、リスクをとるべきかを知ることである。そこで必要となるものが分析である。最終決定の前には、必ず、重要でありながら得意でない分野、姿を現したばかりの問題、形をとりつつある機会を分析しなければならない。

## ❖ 全員が計画を自らのものとする

あらゆる計画がミッションを淵源とする。計画は、アクション・プランおよび予算として具体化される。一方において、アクション・プランが、評価可能な目標に責任を付与する。誰が何をいつまでに行わなければならないかを規定する。もう一方において、予算が計画の実行に必要な資金と資源をコミットする。

計画を実行すべき人たちが計画を理解し自らのものとするには、彼ら自身がアクション・プランの策定に参画していなければならない。実行段階において何らかの役割を演ずべき者は、すべてアクション・プランの策定に参画している必要がある。

あまりに手間がかかると思われるかもしれない。しかし、アクション・プランは、それが策定された暁には、全員に理解されることが不可欠である。組織の全員が、新しいものを欲し、コミットし、行動の用意ができていなければならない。

計画は完成し、理事会に提出され、プレゼンテーションされ、検討が行われる。理事会が、ミッション、ゴール、予算を承認する。計画の一部として、ビジョンを加えてもよい。こうして計画は承認され、実行が始まる。

## ❖──倦むことのないプロセス

いよいよ「5つの質問」による自己評価プロセスも、最終段階を迎えた。しかし自己評価は続けられていく。組織としては、ゴールへの到達と評価可能な目標の実現をモニタリング（試行と観察）していく必要がある。どれだけ外の世界を変えたかを知らなければならない。

状況が変化したとき、成果があがらないとき、予期せぬ成功があったとき、あるいは顧客が思いもかけない行動をとることがわかったときは、計画を修正する。

自己評価のプロセスに終わりはない。リーダーたる者は、つねに自らを研ぎすまし、焦点を変えていく必要がある。満足してはならない。

とくに、「何をもって憶えられたいか？」を問い続けなければならない。これは、自らと自らの組織を生まれ変わらせていくための問いである。なぜならば、それは、自らをなりうるものとして見ることを強制する問いだからである。

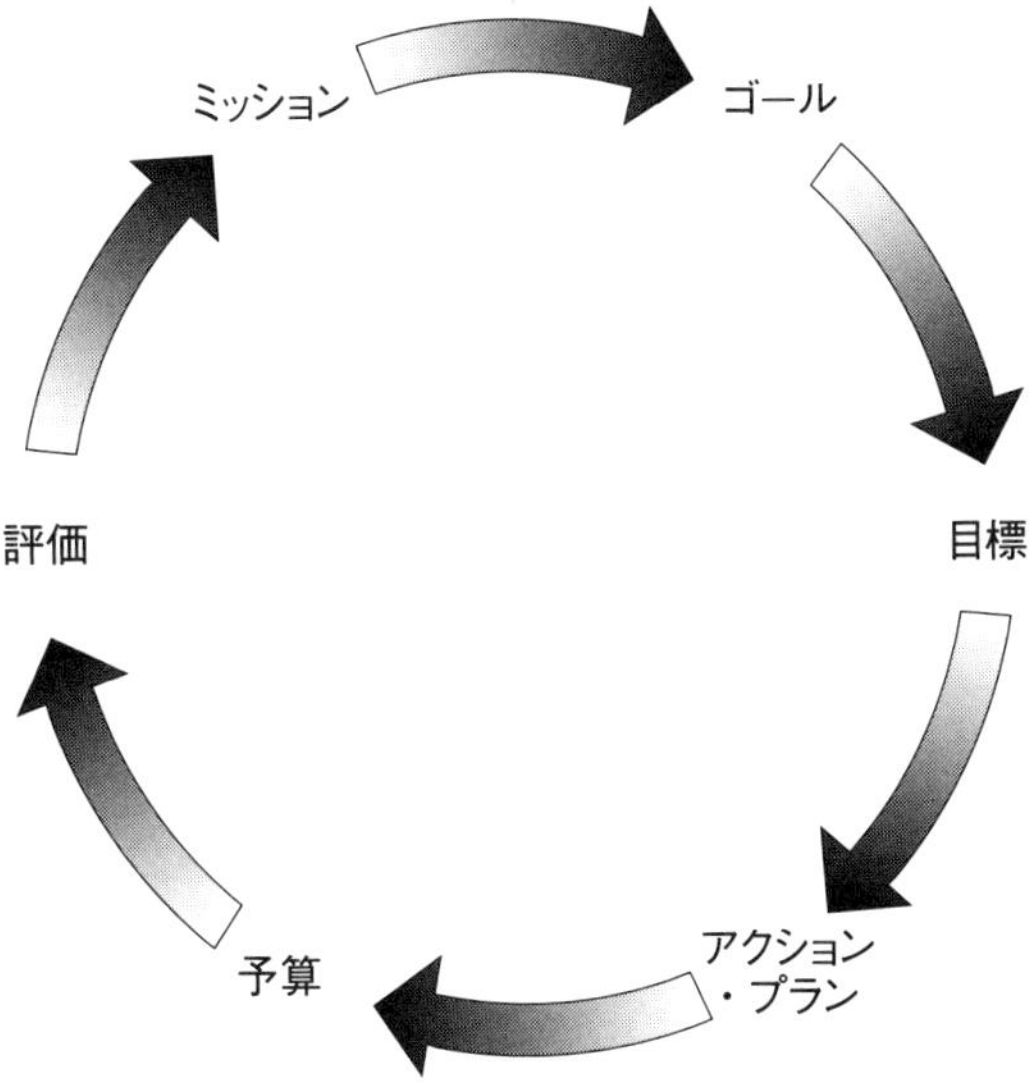
ミッション
ゴール
目標
アクション・プラン
予算
評価

質問5

「われわれの計画は何か？」への解説

# 計画を策定し、修正し、そこから学ぶ

## ——V・カストゥーリ・ランガン

ハーバード・ビジネススクールのマルコム・P・マクネア記念マーケティング講座教授。ソーシャル・エンタプライズ・イニシアティブ共同委員長。著書に『チャネル・マネジメント』（マリー・ベルとの共著）がある。www.hbs.edu を参照。

### ❖——計画の意味

計画とは、ゴールをアクション・プランに翻訳するものであり、ゴールへの道程を示すものである。

計画に関して犯しうる最大の間違いが、詳細を指示する建築設計図として捉えることである。それでは計画とはなりえない。

計画とは循環的なプロセスである。マネジメントたる者は、計画を策定し、修正し、そこから学ぶ。計画を成果あるものとするための要件は、次のとおりである。

### ゴールに焦点を合わせる

あらゆる組織が自らのゴールに焦点を合わせなければならない。企業の場合、ゴールとはそれぞれの市場シェア、製品開発、顧客満足である。非営利組織の場合、ゴールとはそれぞれのミッションによって規定されるものである。

### 方向は不動のもの、実行は柔軟に

美術館が入館者数の増加をはかって特別展を開催する。成果をあげるには、それだけでは不十分である。展示物と展示の時期に工夫をこらさなければならない。誰を来館させたいかによって展示の内容は変わる。

しかも、ここに重要な但し書きがある。ドラッカーも言うように、「計画どおりにはいかない。計画どおりにいくと思うのは愚かである。未来は誰にもわからない」。

したがって、方向は不動としても、ゴールにいたる道には紆余曲折があると覚悟すべきである。

特別展が想定外の来館者を得るならば、彼らを賛助会員にするために予算と人員を割かなければならない。機会が生じたのであれば、新たな展開をはからなければならない。同時に、なぜ機会が生じたのかを知らなければならない。原因を知り、糧とすることによって、次回の特別展に生かすことができる。

同様に、失敗からも多くを学ぶ必要がある。計画に成果をあげさせるには、継続学習と臨機応変を旨としなければならない。

## 個の責任

計画の実行に責任をもつ者は、計画の策定に参画している必要がある。あらゆる支援を受けるとともに、あらゆる権限と責任を付与される必要がある。

実行の詳細を組織の中枢部において定めることが間違いとされるのは、このためである。

ゴールを設定した後のアクション・プランについては、現場に裁量権が与えられなければならない。

意欲ある者が成功を利し、思慮ある者が計画を見直し、あるいは失敗を手仕舞うことのできるのは、これらのことが実現しているときだけである。

## モニタリングする

プログラム間の相互作用を知るにはモニタリング以外に方法はない。しかも、プログラムのあるものは大成功し、あるものは大失敗する。

したがって、組織全体としてのゴールへの到達度を知るだけでは十分でない。いずれのプログラムが全体の成功に寄与し、いずれのプログラムが寄与しなかったかを把握する必要がある。それらの原因もまた把握しておかなければならない。

反省があって改善が可能となる。モニタリングとは全関係者を巻き込んで、継続して行うべきものである。ゴールを定めたトップマネジメント・チームが、このモニタリング作業を取りまとめる。そうして初めて、次の計画サイクルが始まる。

質問5

## 「われわれの計画は何か?」へのいくつかの追加質問

### 「5つの質問」を考えることにより何を学んだか?

・学んだことのうち、最も重要なことは何か? とるべき行動は何か?
・今日だけでなく、組織の将来にとって重要な意味をもつ情報は何か?

### 活動の焦点はどこに合わせたらよいか?

・あなたの担当のうち、重視すべきものは何か? それはなぜか? ミッションとはどのような関係にあるか?
・組織全体として重視すべきものは何か? それはなぜか? ミッションとはどのような関係にあるか?

**活動の方法はどのように変えるか？**

・取り組むべき新たな活動、プログラム、ニーズはあるか？
・廃棄すべきものはあるか？
・外部に委託すべきものはあるか？　それはなぜか？

**成果をあげるための計画は何か？**

・成果につながるゴールは何か？
・ミッションの実現に有効なゴールは何か？
・ゴールに到達するために有効な評価可能な目標は何か？
・評価可能な目標の達成に有効なアクション・プランはどのようなものか？
・ゴール、目標、アクション・プランにはどれだけの予算と日時が必要か？
・ゴール、目標、アクション・プランそれぞれの実現について責任者は誰にするか？
・計画の実行には、どれだけの要員が必要か？

・計画の実行はどのように評価するか?

**自らが成果をあげるための計画は何か?**

・自らが決定できる活動と第三者の承認を必要とする活動は、それぞれ何か?
・それぞれの決定と実行の期限はいつか?
・いかなる人事が必要か?

# 組織はいかにして変われるか
## ――フランシス・ヘッセルバイン

### ❖――組織が成果をあげるための八つの条件

転換期のさなかにあって、何百万という人たちが新しい種類の問題に取り組み、あるべき姿を求めて新たな旅に出ている。世界中で企業、政府機関、非営利組織のリーダーが、それぞれの組織を一新しつつある。

数年前、私たちはブライト・チャイナ・マネジメント・インスティテュートの招きで中国を訪問した。そこで私たちは、アメリカで救世軍、陸軍、シェブロン、全米建築学会で話しているように、ミッションやビジョンやゴールについて話し合った。今やこれらの言葉は世界共通語である。文化や世界は違っても、われわれは、組織とその転換について話をすることができる。

私はこれまで、企業、政府機関、非営利組織の人たちと働くことによって、組織が成果をあげるには八つの条件があることを知った。それらの条件は、大企業、中小企業、政府機関、小さな非営利組織、ガールスカウトのような大きな非営利組織のいずれにも共通するものだった。

## 一、いち早く変化を捉える

まず初めに、トレンドの変化を知る必要がある。戦略の基本は、トレンドの意味を解釈することにある。われわれは、いち早く変化の兆しを捉え、その変化が現実となったときには、直ちに対応しなければならない。トレンドの変化が変革の基盤となり、行動の基盤となる。もちろん思い込みは間違いのもととなるだけである。

## 二、ミッションを定期的に見直す

次にミッションを見直す必要がある。リーダー・トゥー・リーダー財団では三年ごとにミッションを見直している。創立一五年でミッションを二度変えた。環境が変わり、顧客のニーズが変わったためだった。

ミッション・ステートメントは、何を、なぜ行うか、組織の存在理由は何かをシンプルに表現するものでなければならない。

マネジメントとは目的でなく手段である。われわれはミッションをマネジメントしなければならない。しかもミッションは、マネジメントの方法を規定しない。目的を規定するのみである。

ミッション・ステートメントは明確で力強く、本質を表すものである必要がある。国際赤十字のミッション「弱者への奉仕」こそ、最も明確にして最も力強いミッション・ステートメントである。

ミッションの検討にあたっては、ドラッカーが問う五つの質問のうち、初めの三つに答えていく必要がある。

・われわれのミッションは何か?
・われわれの顧客は誰か?
・顧客にとっての価値は何か?

これら三つの質問に答えることによって、初めてわれわれは、ミッションをマネジメントしはじめたと言える。

## 三、階層を排除する

組織が転換するには、組織図の四角い箱から柔軟な有機体へと、人を解き放つ必要がある。もはやわれわれは、人を組織図のなかの小さな箱に閉じ込めておくことはできない。私としては、組織における役割と位置づけは、いくつかの同心円の円周上に配置したい。そのとき配置転換も意味あるものとなる。人はそれぞれの役割を拡大しつつ、循環的に異動していく。

知識労働者とは、「頭のなかにツールをもつ人たち」である。彼らに似合わない階層的な組織図は排除しなければならない。

**四、前提を鵜呑みにしない**

いかなる例外も認めることなく、あらゆる前提、政策、手続き、慣行に異議を唱えて挑戦する必要がある。

とくに転換にあたっては、計画的廃棄が不可欠である。今日有効であっても、明日にかかわりのない政策や慣行は、すべて廃棄していかなければならない。

**五、言葉を一貫させる**

リーダーのメッセージは一貫している必要がある。メッセージによってコミュニケーションは行われる。

家具メーカーのハーマン・ミラー社を世界のリーディングカンパニーに育てあげたマックス・デプリーは、雇用ではなく盟約について語っていた。そのような理念とそれを表す言葉こそが、組織を転換へと導くうえで必要である。

### 六、全員がリーダーシップを共有する

リーダーは一人ではない。ある者はエンパワーメント（権限委譲）と言い、ある者はリーダーシップの共有と言う。私はこれをリーダーシップの撒布と言いたい。組織のあらゆる階層において、リーダーを育て、リーダーとして活躍させる必要がある。リーダーシップとは全員が共有すべきものである。

### 七、リーダーが確固たる存在である

リーダーは風見鶏であってはならない。確固たる存在でなければならない。リーダーとは組織そのもの、価値観、基本の化身たるべき者である。リーダーとは範となる者である。約束を守る者である。リーダーシップとは、いかに行うかではなく、何を行うかにかかわることである。

### 八、成果をきちんと自己評価する

組織には「5つの質問」による自己評価が不可欠である。つねに、ミッション、ゴール、

目標、アクション・プラン、成果の尺度を明らかにしなければならない。ゴールと尺度を手にして、ようやくわれわれは旅に出ることができる。そうして初めて成果を評価し、転換を祝すこともできる。

われわれは、これを「5つの質問」の最後の二つを問うことによって行う。

・われわれにとっての成果は何か？
・われわれの計画は何か？

## 転換への旅は未知への旅である

定かならぬ時代の到来を意識する組織にとっては、転換への旅は、未知への旅たらざるをえない。自らを変革し、成果をあげる生産的な存在に仕立てあげなければならない。

旅路の道標は明らかであっても、到着地までの地図はない。しかも到着地は、前方の悪路のみならず、自らがミッションとするものによって規定される。

# 最大の効果を引き出すために
## ——ピーター・F・ドラッカー

「5つの質問」による自己評価は、経営ツールとして際立って柔軟である。どのように使うかは、状況によって異なるうえに目的によって異なる。

この経営ツールは、あなたの手元に勝手にやってきたわけではない。あなたが関心をもったか、誰かがあなたの役に立つと考えたために、今あなたの手元にある。後者であれば、その誰かからさらに詳しい説明を受けることもできよう。

本書には、二つ目的がある。一つは読者自身の考えの助けとなることであり、もう一つは組織における検討と決定の助けとなることである。したがって、本書から最大限のものを引き出そうとされるのであれば、とくに次の三点をお勧めしたい。

第一に、あなたの組織とその顧客、あなたの組織をとりまく環境のトレンドを精査していただきたい。

第二に、本書の質問の一つひとつに答えていただきたい。

第三に、ワークショップ、ヒアリング、その他によって考えを交わしていただきたい。

本書の具体的な使い方について、私からの希望は一つしかない。大急ぎでは読まないでいただきたい。

「5つの質問」は一見してシンプルである。だが実は、そうではない。くり返し考えていただきたい。質問と格闘していただきたい。

これら「5つの質問」は、正面から答えていくならば、必ずや、各位のスキルと能力とコミットを深化させ、あるいは向上させていくはずである。ビジョンを高め、自らの手で未来を築いていくことを可能にするはずである。

# 用語の定義

## ミッション

あなた方の活動の目的、組織の存在の理由。つまるところ、それをもってして憶えられたいこと。

## 顧客

満足させるべき人たち（自然環境のように人間以外のものであってもよい）。活動対象としての顧客（プライマリ・カスタマー、主たる顧客）と、パートナーとしての顧客（サポーティング・カスタマー、支援者たる顧客）の二種類がいる。前者は、組織の活動によって、生活と人生が変えられる人たちである。後者は、ボランティア、寄付者、会員、有給のスタッフ、各種メディアなど、組織の活動から満足を得る人たちである。

**価値**

顧客のニーズ、欲求、希望を満たすもの。

**成果**

組織としての帳尻。人々の人生、生活、能力、健康、姿勢、行動、環境等に与える影響。したがって組織の外にあるもの。

**目標**

組織のミッションの達成度を示す、具体的かつ測定可能な指標。

**アクション・プラン**

目標達成のための詳細な計画。緻密でありながら常時修正。

**予算**

アクション・プラン実行のための資源の投入計画。アクション・プランの資金的側面。

**ゴール**

組織に基本的な方向づけを与える複数の目標。

**ビジョン**

実現を望む未来の姿。

**計画**

ゴール、目標、アクション・プランを実現する方途。期限、要員、予算を含む。ビジョンを加えてもよい。

**評価**

目標達成に向けての進捗状況、および状況変化によるアクション・プラン修正の必要性の把握。

## ピーター・F・ドラッカーについて

ピーター・F・ドラッカー（一九〇九―二〇〇五）は、マネジメントの父とされる哲人であって、文筆家、コンサルタント、教師である。マネジメントの体系を確立し、分権制、民営化、自己目標管理、知識労働者などのコンセプトを生み発展させた。

二〇カ国語以上に翻訳された三一作品の主要著作のうち、一三作が政治、社会、経済、一五作がマネジメントに関するもの、二冊が小説、一冊が間接的自伝である。日本画を愛し、東洋美術を講じたこともある。長年、『ウォールストリート・ジャーナル』『ハーバード・ビジネス・レビュー』ほかに執筆してきた。

一九〇九年オーストリアのウィーンに生まれ、ドイツのフランクフルトの新聞社で記者と論説委員をつとめる傍ら、博士号を取得。その後ヒトラー政権の成立を見てロンドンに移り、シティの投資銀行でエコノミストをつとめた後、フランクフルト大学の後輩ドリス・シュミットと結婚し、一九三七年にアメリカへ移住した。

一九三九年よりニューヨークのサラ・ローレンス大学で非常勤講師をつとめ、一九四二年にバーモント州のベニントン大学で政治と哲学の教授となった。

一九三九年に処女作『「経済人」の終わり——全体主義はなぜ生まれたか』、一九四二年に第二作『産業人の未来——改革の原理としての保守主義』を執筆、翌一九四三年より二年間、GM（ゼネラルモーターズ）のマネジメントを研究、その成果を『企業とは何か』として発表した。一九四九年からはニューヨーク大学大学院でマネジメントを教えた。

一九七一年カリフォルニアに移り、クレアモント大学院大学にアメリカで最初の現役の経営者向けMBAコースを開設した。一九八七年には、同コースがピーター・F・ドラッカー経営大学院と名づけられた。

コンサルタントとしてドラッカーは、企業、政府機関、大学、病院、団体、非営利組織の戦略、経営、組織、トップマネジメントに寄与してきた。現代社会最高の哲人とされ、その経営思想と手法はつねに世界をリードした。人こそ最高の資産であるとし、マネジメントの役割は人を成果に向けて解き放つことであるとした。

一九九七年には、「いまだ心最も若く」との見出しのもとに雑誌『フォーブズ』の表紙を飾り、『ビジネスウィーク』は「マネジメント史上最長不倒の思想家」と評した。二〇〇二年には、アメリカ政府より民間人最高の勲章「メダル・オブ・フリーダム」を授与された。

リーダー・トゥー・リーダー財団名誉会長。二〇〇五年一一月一一日に九五歳で逝去した後も、遺稿と評伝が世界中で刊行され続けている。

## リーダー・トゥー・リーダー財団について

一九九〇年に非営利組織のためのピーター・F・ドラッカー財団として発足。非営利組織におけるイノベーションの推進と組織の活性化に取り組んでいる。児童、青少年、家族、学校、住宅、街、仕事を重視する優しい社会、健全かつ多様な絆ある社会の構築を目指す。

非営利組織が卓越した成果をあげるよう、四〇〇人の識者を動員して二三冊の書籍を二八カ国語で発行した。各界リーダーのための必読誌『リーダー・トゥー・リーダー』を刊行。

各界リーダーの研鑽、成長、交流の場としてシンポジウム、トップセミナー、ワークショップを開催。成功事例の紹介、非営利組織のリーダーの採用活動に力を入れている。

# 訳者あとがき——人と組織を大きく花開かせる究極のコンサルティング

本書は、リーダー・トゥー・リーダー財団刊行のThe Five Most Important Questions You Will Ever Ask About Your Organization (2008) の邦訳である。本書の姉妹書として『非営利組織の「自己評価手法」』（ドラッカー著、田中弥生訳、ダイヤモンド社、一九九五年）および『非営利組織の成果重視マネジメント』（ドラッカー、スターン共著、田中弥生監訳、ダイヤモンド社、二〇〇〇年）がある。

非営利組織の経営ツールとしてドラッカーによって開発され、今日では広く企業の経営ツールとして使われているものである。

一九〇九年一一月一九日、ハプスブルグ家最後の帝国、オーストリア・ハンガリー帝国政府高官の長男としてウィーンに生まれ、現代社会最高の哲人かつマネジメントの父として世界中で大きな影響を与え、二〇〇五年一一月一一日、あと八日で九六歳という日にカリフォルニア州クレアモントで亡くなったピーター・ファーディナンド・ドラッカー晩年の著作である。

産業社会は社会として成立し、社会的存在としての人間を幸せにするかとの問いを問い続けつつ、多くの経営者と組織を育てた「師の師」ドラッカーの、まさに珠玉の如き遺作である。

ドラッカーは、ゲーテの戯曲『ファウスト』に登場する望楼守リュンケウスに自らを擬する。最終幕、物見やぐらにいるリュンケウスが、自らの役どころを紹介すべく、「見るために生まれ、物見の役を仰せつけられ」(高橋義孝訳)と朗々とうたう。あちらで何が起こり、こちらで何が起こっているかを教える。その物見の役がドラッカーである。

ドラッカーは、そのような自分を社会生態学者と位置づけた。自然生態学者はアマゾンの樹木はかく生えるべしとは言わない。自然を生態として捉える。社会生態学者も現代社会はかくあるべしとは言わない。社会を生態として捉える。いずれも実際に起こった変化を知らせる。意味ある変化か否かを知らせる。いかなる意味をもつかを知らせる。

事実、ドラッカーの言うように、資源、環境、途上国など二一世紀の重要課題はすべて、全体を全体として捉える知覚的な能力によってのみ理解が可能となり、解決の道も開ける。同じことは、人と組織についても言える。ゲーテやダンテにも教師はいた。しかし彼らは、彼らの教師がもちえたいかなるスペック（仕様書）をも超えて成長した。そのような最高の教師がもちえる最高の手法が質問である。人も組織もスペックなどで型に嵌めることはできない。大きく想像を超えて育ってほしい。目一杯に花開いてほしい。

事実、ドラッカーの没後、ドラッカーの教え子とクライアントたちを歴訪してドラッカーから教わったことを取材して回ったエリザベス・ハース・イーダスハイム博士によれば、彼らドラッカーの弟子たちに与えられた教えのすべてが、質問によるものだったという（『P・F・ドラッカー——理想企業を求めて』）。

一九三九年に書いた処女作『「経済人」の終わり』の冒頭の一文が、「本書は政治の書である。したがって、学者の第三者的態度をとるつもりも、メディアの公平性を主張するつもりもない。本書には明確な政治目的がある。自由を脅かす専制に対抗し、自由を守る意思を固めることである」だった。しかし、そこでもドラッカーは、問題の大きさにもかかわらず、答えは与えなかった。

経済至上主義が絶望と空白を生み、社会を分裂させ、全体主義を招き入れた。ではどうするか、と質問するだけだった。答えはわれわれが見つけ出さなければならない。蛇足ながら、今日われわれは、いまだその答えを見つけていない。

そして本書における冒頭の一文が、「明日の社会をつくっていくのは、あなたの組織である。そこでは全員がリーダーである。ミッションとリーダーシップは、読むもの、聞くものではない。行うものである。『5つの質問』は、知識と意図を行動に変える。しかも、来年ではなく、明日の朝にはもう変えている」だった。

ここでも、答えるべきはわれわれ自身である。

したがって、ドラッカー自身が強く希望しているように、本書は急がずにお読みいただきたい。

そして、営利非営利を問わず、文明の担い手として、それぞれの強みをフルに発揮して、世のため人のためにご活躍願いたい。それこそがドラッカーの望みである。

なお、本文中にも散見されるように、人と組織を育てるためのドラッカー発の究極の質問が、「何をもって憶えられたいか」である。

本書の刊行に当たっては、ダイヤモンド社の中嶋秀喜さんのお世話になった。ここに深く謝意を表したい。

上田惇生

二〇〇八年一二月

[著者]
**P.F.ドラッカー**（Peter F. Drucker、1909-2005）
経済界に最も影響力のあった経営思想家。知識社会の到来を知らせるとともに、「分権化」「自己目標管理」「民営化」「ベンチマーキング」「コア・コンピタンス」など、マネジメントの主な概念と手法を生み発展させたマネジメントの父。
著書に、『「経済人」の終わり』『企業とは何か』『現代の経営』『経営者の条件』『断絶の時代』『マネジメント』『非営利組織の経営』『ポスト資本主義社会』『明日を支配するもの』『ネクスト・ソサエティ』ほか多数ある。

[訳者]
**上田惇生**（うえだ　あつお）
ものつくり大学名誉教授、立命館大学客員教授。1938年生まれ。64年慶應義塾大学経済学部卒。経団連会長秘書、広報部長、ものつくり大学教授を経て、現職。ドラッカー教授の主要作品のすべてを翻訳。『プロフェッショナルの条件』ほかを編集。著書『ドラッカー入門』。ドラッカー自身からもっとも親しい友人、日本での分身とされてきた。ドラッカー学会（http://drucker-ws.org）代表。

**経営者に贈る5つの質問**

---

2009年2月19日　第1刷発行

著　者——P.F.ドラッカー
特別寄稿——ジム・コリンズ、フィリップ・コトラー、ジェームズ・クーゼス、ジュディス・ローディン、V.カストゥーリ・ランガン、フランシス・ヘッセルバイン
訳　者——上田惇生
発行所——ダイヤモンド社
〒150-8409　東京都渋谷区神宮前6-12-17
http://www.diamond.co.jp/
電話／03·5778·7232（編集）　03·5778·7240（販売）
装丁————布施育哉
製作進行——ダイヤモンド・グラフィック社
印刷————堀内印刷所（本文）・加藤文明社（カバー）
製本————ブックアート
編集担当——中嶋秀喜

---


ISBN 978-4-478-00654-2